Paulo Prado

Retrato do Brasil

Parte I

CADERNOS
ULTRAMARES

ORGANIZAÇÃO E PROJETO GRÁFICO

Marcos Lacerda, Ana Paula Simonaci e Sergio Cohn

CONSELHO EDITORIAL

André Botelho
Bernardo Esteves
Boaventura de Souza Santos
Evelyn Goyannes Dill Orrico
Fréderic Vanderberghe

José Luis Garcia
Maria João Cantinho
Renato Rezende
Teresa Arijón
Vagner Amaro

ISBN 9786586962666

azougue press |
coordenação geral Sergio Cohn
coordenação editorial
Sergio Cohn — Darien Lamen — Cristián Jiménez Plaza
Brasil | CNPJ 12.272.339/0001-26
Portugal | Oca Editorial NF 515805394
USA | E. Id. 803650511
Chile | Tucán Ediciones RUT 77.369.106-1

A proposta dos Cadernos Ultramares é transpor fronteiras. Não apenas geográficas, com a edição de um amplo panorama do pensamento brasileiro para o público português, mas também entre as áreas do saber, criando uma coleção transdisciplinar, acessível não apenas para leitores especializado, pesquisadores e acadêmicos, como para interessados em geral.

Para isto, os Cadernos Ultramares privilegiam a leveza do ensaio, a "brigada ligeira", utilizando-se de um gênero marcado pela abertura e experimentação, uma forma privilegiada para a proposição e a apresentação de interpretações da cultura e da sociedade. Nos últimos anos, o gênero ensaio tem sido revalorizado como um importante meio de diálogo entre a pesquisa acadêmica e a sociedade.

O Brasil possui uma produção riquíssima de pensamento em diversas áreas, que vão da física à antropologia, da matemática às artes. Os Cadernos Ultramares, ao trazerem importantes textos de alguns dos nossos mais renomados pensadores, sejam clássicos ou contemporâneos, busca possibilitar ao leitor um olhar amplo e qualificado sobre essa produção.

Interessa-nos a constituição de um diálogo entre áreas, de uma conversa aberta que escape das armadilhas do pensamento especializado e do produtivismo acadêmico. Interessa, antes de tudo, a valorização do encontro do leitor com o sabor do texto, do prazer da leitura e da troca livre de pensamento.

apresentação
POR SERGIO COHN

Mais conhecido pelo papel central como fomentador do modernismo brasileiro, tendo participado ativamente da organização da Semana de Arte Moderna de 1922, Paulo Prado (1869-1943) foi também autor de um dos marcos inaugurais dos ensaios de interpretação do Brasil, com o livro *Retrato do Brasil — Ensaio Sobre a Tristeza Brasileira*, de 1928.

Entre os modernistas, Paulo Prado foi mais do que mecenas, atuando como figura central na configuração intelectual do modernismo brasileiro, especialmente o paulista, criando elos entre os autores modernistas e a geração anterior de intelectuais brasileiros, formada por Joaquim Nabuco, Capistrano de Abreu e Graça Aranha, além de seu próprio tio Eduardo Prado, e também com a geração de 1870 da literatura portuguesa, de nomes como Oliveira Martins, Ramalho Ortigão e Eça de Queiroz.

Em *Aspectos da Literatura Brasileira*, Mário de Andrade reflete sobre a importância de Paulo Prado:

O movimento modernista era nitidamente aristocrático. Pelo seu caráter de jogo arriscado, pelo seu espírito aventureiro ao extremo, pelo seu internacionalismo embrabecido, pela sua gratuidade antipopular, pelo seu dogmatismo prepotente, era uma aristocracia do espírito. Bem natural, pois, que a alta e a pequena burguesia o temessem. Paulo Prado, ao mesmo tempo que um dos expoentes da aristocracia intelectual paulista, era uma das figuras principais da nossa aristocracia tradicional. Não da outra mais antiga, justificada no trabalho secular da terra e oriunda de qualquer saqueador europeu, que o critério monárquico do Deus Rei já emancebara com a genealogia. E foi por tudo isto que Paulo Prado pôde medir bem o que havia de aventureiro e de exercício de perigo no movimento, e arriscar sua responsabilidade intelectual e tradicional na aventura. Uma coisa dessas não seria possível no Rio, onde não existe aristocracia tradicional, mas apenas alta burguesia riquíssima. E esta não podia encampar um movimento que lhe destruía o espírito conservador e conformista. A burguesia nunca soube perder, e isso é que a perde. Se Paulo

Prado, com a sua autoridade intelectual e tradicional, tomou a peito a realização da Semana, abriu a lista das contribuições e arrastou atrás de si os seus pares aristocratas e mais alguns que a sua figura dominava, a burguesia protestou e vaiou. Tanto a burguesia de classe como a do espírito.

Estas características arrojadas de Paulo Prado, presentes na sua ação como no seu pensamento, se aliam a uma série de outras — o que levou o escritor Eça de Queiroz a dizer, ao conhecê-lo, "Menino, tu és uma perfeição humana!" Prado era rico — vinha de uma das mais ilustres famílias de São Paulo e se tornou um importante empresário da indústria do café —, um erudito bibliófilo, um esportista e um espírito aberto, capaz de unir ao seu redor o convívio de jovens artistas que buscavam renovar a cultura e a sociedade brasileira, como Mário de Andrade, Di Cavalcanti, Villa-Lobos e Brecheret.

Paulo Prado já era um cinquentão quando escreveu *Retrato do Brasil*. O ensaio seguia na contramão dos ufanistas, buscando apresentar, com grande amparo documental conquistado das suas pesquisas em documentos raros e relatos dos primeiros cronistas (pesquisas estas realizadas com a orientação do historiador Capistrano de Abreu), o nosso "mal-estar", as profundas mazelas e entraves que dificultavam o desenvolvimento do país.

Retrato do Brasil teve uma trajetória curiosa: recebeu uma atenção muito maior que a habitual na época de lançamento, gerando calorosos debates e esgotando três impressões, para depois ir lentamente caindo no esquecimento. Desde então, teve uma ou outra reedição realizada, mas sem conseguir voltar à importância conquistada no calor da hora.

É inegável no ensaio de Paulo Prado o vigor e a originalidade, embora seja possível traçar paralelos com o mais conhecido "A estética da vida", de Graça Aranha. E embora também, como afirma Oswald de Andrade — que, no mais, tratava com respeito o texto, considerando antropofágica a sua perspectiva poética, e o denominando "glossário histórico de *Macunaíma*"— seja "manchada pelo romantismo de ricochete, que o grande escritor denuncia fartamente nas tropelias acadêmicas de São Paulo e que no entanto adota". Romantismo este mais presente nas ideias, que trazem certo teor conservador, do que no fazer literário.

De qualquer forma, é uma obra inquieta e corajosa, que merece novas leituras, não apenas por ser uma peça fundamental para entendimento da época, mas também pelo seu viés essencial — a percepção que há uma "tristeza" fundante em nossa nação. Em colaboração a isso, a coleção Cadernos Ultramares traz uma edição especial do ensaio, dividido em dois volumes: no primeiro, os capítulos "A Luxúria" e "A Cobiça", e o segundo volume trazendo os capítulos "A Tristeza" e "O Romantismo", além do pós-escrito da edição original do livro.

a luxúria

Numa terra radiosa vive um povo triste. Legaram-lhe essa melancolia os descobridores que a revelaram ao mundo e a povoaram. O esplêndido dinamismo dessa gente rude obedecia a dois grandes impulsos que dominam toda a psicologia da descoberta e nunca foram geradores de alegria: a ambição do ouro e a sensualidade livre e infrene que, como culto, a Renascença fizera ressuscitar.

Dessa Renascença surgira um homem novo com um novo modo de pensar e sentir. A sua história será a própria história da conquista da liberdade consciente do espírito humano. É assim que a volta ao paganismo — se teve um efeito desastroso para a evolução artística da humanidade que viu estancada a fonte viva da imaginação criadora da Idade Média — é assim que o retorno ao ideal antigo teve como melhor resultado o alargamento, para assim dizer, das ambições humanas de poderio, de saber e de gozo.

Neste anseio os povos da época se sentiam abafados e peados na vida estreita da Europa. Era preciso alterar — na terminologia nietzscheana — o sinal negativo que o cristianismo inscrevera diante do que exprimia fortaleza e audácia. Guerra aos fracos, guerra aos pobres, guerra aos doentes. Abrir as portas da prisão ocidental. Substituir à Obediência a Vontade individualista[1]. Dissipar as constantes e aterrorizadoras preocupações da Morte e do Inferno — medo de Deus e medo do Diabo — que tanto torturavam os espíritos cristãos.

A era dos descobrimentos foi o resultado desse movimento de libertação. Dilatava o mundo de que dois terços ainda não eram conhecidos e exaltava a vida física, como mais tarde a Revolução Francesa foi a exaltação da vida intelectual, arrogante e independente. Às navegações comerciais dos venezianos, genoveses e catalães seguiam-se outras mais audaciosas, abrindo novos céus e terras. As lendas, ainda romanas, das sonhadas ilhas do ouro e da prata, mudando de lugar como fogos-fátuos, atraíam sempre para mais longe outros povos marítimos. "Andando más más si sabe", dizia Colombo. Os livros de Marco Polo e Mandeville

1 Contra essa tendência revoltada se formou a Companhia de Jesus, tendo como uma das suas bases fundamentais a Obediência. É o que explica a longa luta dos colonos no Brasil contra os jesuítas. Por sua vez a Companhia é bem do seu tempo, quando preconiza a Ação como um ideal ignaciano.

despertavam no ânimo dos aventureiros novas ambições de conquista, o amor ao mistério das regiões desconhecidas, a curiosidade do maravilhoso, o reaparecimento do espírito das cruzadas.

Recomeçava na história do mundo o misterioso impulso que de séculos em séculos põe em movimento as massas humanas, após os longos repousos em que as civilizações nascem, se desenvolvem e morrem. Mais uma vez, neste movimento de fluxo e refluxo, a inquietação migratória tomaria o aspecto de imperialismo econômico e comercial. Em procura de ouro, que já escasseava, italianos, portugueses, espanhóis, holandeses, ingleses, franceses, lançavam-se à porfia pelos novos caminhos marítimos. O Oriente esgotara as reservas europeias de metais preciosos e pedrarias. Para refazer a riqueza perdida voltavam-se os povos do Ocidente para os mesmos tesouros e minas da Ásia e da África. Por toda a parte se buscava o metal onipotente.

Ao voltar Colombo de sua primeira viagem, a Europa ansiosa, pela voz de Pedro Martyr d'Anghiera, indagou logo se trouxera ouro. Essa febre invadia todos os espíritos, alvoroçados pelo deslumbramento das descobertas. Os homens, a quem o Renascimento revelara o prazer de viver, lançavam-se com a energia da época aos mais arriscados empreendimentos na esperança de fortuna rápida. A conquista sanguinária da América Espanhola é dominada por essa paixão frenética. Rio da Prata, Rio do Ouro, Castela do Ouro, Costa Rica, Porto Rico, assim se batizavam as terras que os conquistadores desvendavam ao mundo atônito. "Io no vine aqui para cultivar la tierra como un labriego, sino para buscar oro", escrevia Cortez. Nas narrativas de Oviedo, em duas páginas e meia aparecem 45 vezes as palavras oro e dorado, numa insistência de maníaco. E ao saudar o Gama em Calicut, grita-lhe, alvissareiro, o Monçaide: "Boa ventura! Boa ventura! Muitos rubis, muitas esmeraldas! Estais na terra da especiaria, da pedraria e da maior riqueza do mundo!"[2]. Era por toda a parte a mesma fascinação diante das riquezas reais ou fabulosas que prometiam as terras novas. Era a preocupação, confessada ou disfarçada, da aura mortifera fames, de que falava Pedro Mártir. Ouro. Ouro. Ouro.

Nessa atmosfera de heroísmo ideal e de impaciente ambição e com pompa desusada, partiu do Restelo em Março de 1500 a esquadra de Pedro Álvares. Ao fundear diante do Cahy baiano, em frente à serraria azul do litoral, a expedição teve a visão de uma vida

---

2 Castanheda, *História do descobrimento e conquista da Índia*. Livro I, cap. XV.

paradisíaca, com a verdura do país tropical e a pujança pululante da terra virgem. A carta de Caminha, na sua idílica ingenuidade, é o primeiro hino consagrado ao esplendor, à força e ao mistério da natureza brasileira. Nas suas tintas vivas e frescas de painel primitivo — que já se comparou a um Memling — percebe-se o encantamento do maravilhoso achado que surgia diante dos navegantes depois da longa e incerta travessia. Dezenas de anos mais tarde ainda deixava a Gandavo uma deliciosa impressão de paraíso: "Toda está vestida de mui alto e espesso arvoredo, regada com as águas de muitas e mui preciosas ribeiras de que abundantemente participa toda a terra, onde permanece sempre a verdura com aquela temperança da primavera que cá nos oferece Abril e Maio".

O encontro do europeu, ao sair da zona temperada, com a exuberância de natureza tão nuançada de força e graça, foi certamente a culminância da sua aventura. Colombo, no seu Diário, em 21 de outubro, regista a impressão de deslumbramento diante do esplendor tropical, do cantar dos pássaros, dos bandos de papagaios, "que escureciam o sol", das árvores de mil espécies, dos frutos desconhecidos. Pero Vaz foi, para nós, o cronista do maravilhoso achado. No Brasil, a mata cobria as terras moles da bacia amazônica, e a partir da barra do S. Francisco, depois das dunas e mangues do Nordeste, seguia o litoral até muito além do Capricórnio para terminar nas praias baixas do Rio Grande. Oferecia um obstáculo formidável para quem a queria penetrar e atravessar, como que exprimindo a opressiva tirania da natureza a que dificilmente se foge no envolvimento flexível e resistente das lianas. Compacta, sombria, silenciosa, monótona na umidade pesada, abafa, sufoca e asfixia o invasor que se perde no claro-escuro esverdeado de suas profundezas. Stanley, no sertão da África Central, já notara na floresta tropical a enormidade, a falta de proporção em relação visível com a humanidade, que caracteriza essas solidões misteriosamente habitadas.

Na zona equatorial do Brasil o clima constantemente úmido e quente desenvolve uma força e violência de vegetação incomparável. É a Hileia amazônica, cobrindo de arvoredo a maior extensão de terras do universo, mais de 3 milhões de quilômetros quadrados. Nela, os sentidos imperfeitos do homem mal podem apanhar e fixar a desordem de galhos, folhagens, frutos e flores, que o envolve e submerge. Da confusão sobressaem os troncos da seringueira, da sapucaia, do pau d'arco, da massaranduba a árvore do leite, — do bacori, pelos quais às vezes sobe o caule flexível da jassitara, palmeira enrediça, à procura da claridade do céu. A vegetação eleva-se por andares, atingindo 40 a 60 metros de altura, enlaçando-se aos troncos os cipós e parasitas, em luta pela vida, como num espaço demasiadamente povoado. Pela costa do Atlântico a mata, aproveitando o acidentado do solo e a umidade condensadora dos ventos gerais de sueste, excede em beleza e pujança à própria floresta equatorial. É o mesmo emaranhado hostil de lianas, trepadeiras e orquideias, mas na submata, as urticáceas, espinhos, samambaias tolhem ainda mais o andar do homem que só vence a vegetação a golpes de facão. As madeiras preciosas, pelo refinado da qualidade e pela multiplicação das espécies, são superiores às da Hileia: assim os jacarandás, por exemplo, se desdobram numa variedade infindável — o jacarandá-preto, jacarandá-rosa, jacarandá-roxo, jacarandá-de-espinho, jacarandá-tan, jacarandá-violeta, jacarandá-mocó, jacarandá-banana. É a mata do pau- brasil que deu o nome à terra, e do seu maciço verde- escuro alça-se a galhada do jequitibá, igual à dos veados, acima dos finos palmitos e das embaúbas de prata. O chão é um tapete de flores caídas, de todos os tons, desde o amarelo escuro, do vermelho rubro, da cor- de-rosa, até o lilás, o azul celeste e o branco alvíssimo. Variando com as estações, ponteiam a tapeçaria de verdura o roxo da flor-da-quaresma ou o ouro vivo do ipê. Pela encosta acima a floresta avança para o interior, numa faixa superior a 200 ou 300 quilômetros, como no rio Doce onde vai alcançar o segundo planalto, já na serra do Espinhaço.

Habita o vastíssimo território a mais variada fauna, tão extensa como a própria flora. Representam-na como tipos característicos as 19 espécies de Edentados: tatus, preguiças e tamanduás. Pássaros, das mais vistosas plumagens — com as suas 72 espécies de papagaios, araras, periquitos e maitacas, — com os seus tucanos, beija-flores e bandos de borboletas, acordam e animam o silêncio da mata feito de mil ruídos de insetos. Nos primeiros tempos, cardumes de baleias frequentavam a miúdo as praias e recôncavos da costa: das janelas do Colégio da Bahia os primeiros jesuítas as avistavam "saltando tantas e tão grandes, que era para ver".

Mais para dentro, além da antecâmara suntuosa da floresta, se estendia a vastidão da terra desconhecida — caatingas, catanduvas, cerrados, cerradões, carrascos, campos-gerais, pantanais, — donde desciam ou se afundavam pelos sertões os largos rios, cheios de promessas misteriosas, convergindo nas três grandes bacias do Amazonas, do Prata, e na do Oceano Atlântico em que avultam o Parnaíba e o S. Francisco. Por esse interior, em Minas, Goiás, Mato Grosso, S. Paulo e todo o Sul, recomeçava a mata aproveitando os grandes acidentes de relevo, o paredão do planalto, a umidade das cabeceiras, as condensações frequentes.

Águas e matas foram a surpresa e o encanto dos descobridores. Da beleza das paisagens não cuidavam. Não era, nem do tempo nem da raça, o amor à natureza. Camões não soube ver e apreciar os encantos da vegetação tropical: só o interessavam as especiarias e os produtos comerciais. Humboldt nota que na sua ilha encantada só descreve plantas europeias[3]. A mesma indiferença ou incompreensão é notável nos que aqui primeiro enfrentaram a terra recém achada. Pigaffeta durante a sua estadia no Rio de Janeiro na frota de Magalhães, apenas regista no seu diário o excessivo calor. Martim Afonso e Pero Lopes não se deixaram seduzir pelo magnífico anfiteatro da baía do Rio: foram mais ao sul aproveitar para a vila que fundaram a velha feitoria de traficantes de escravos escondida num recanto da abra de São Vicente. Além de Vespucci — muito da sua pátria e da sua época — raros são, nesse duro século XVI, os que como Tomé de Sousa e Fernão Cardim sentiram o encanto da Guanabara[4]. Mas todos sofriam a sedução dos trópicos, vi-

---

3 Humboldt; *Cosmos,* vol. II.
4 «Eu entrei no Rio de Janeiro que está nesta costa na capitania de Martim Afonso 50 léguas de São Vicente e 50 do Espírito Santo, mando o debuxo dela a V. A. mas tudo é graça o que se dela pode dizer senão que pinte quem quiser como deseje um Rio isso tem este de Janeiro». — Carta de Tomé de Sousa, de 1.º de Junho de 1553.

vendo intensamente uma vida animal e bebendo com delícia um ar como que até então irrespirado.

Nos capuchinhos de la Ravardière, já tocados pelo humanismo da Renascença rabelaisiana, ao começar o século XVII e ao pisarem o solo ardente do Maranhão, vamos porém encontrar a revelação desse mundo novo, com o qual nunca tinham sonhado nas células tristes do seu convento de Paris. Frei Claude d'Abbeville, por exemplo, ao contrário das apreensões da partida, descobria no Maranhão uma natureza sorridente e acolhedora. "Si estant lá, vous avez un contentement non pareil en regardant la terre, voire la diversité de tant d'animaux au milieu de la verdure qui est en tout tems, vous n'avez pas moins de plaisir levant les yeux en haut. Vous voyez divers arbres, tous couvers de monnes et de guenons de diverses sortes sautant d'arbres en arbres, avec une agilité et une dexterité admirables, faisant mille singeries comme s'ils vouloient vous donner du plaisir". Árvores havia, escreve o frade, "pleins d'oiseaux parmy les fruicts et les fleurs, gasouillans en tout tems comme font les nostres en un beau printems, tous de divers plumages si beaux et si agréables que les Princes et les Seigneurs les tiennent bien cher par deça".

Yves d'Evreux, companheiro e continuador de frei Claude, não se furtou também ao enlevo que lhe produzia a nova terra. Além de artista, com um vivo e espontâneo sentimento do pitoresco, era também naturalista minucioso e exato. Passava horas deitado em plena mata, imóvel, a espreitar a vida arisca dos animais e insetos, desde a onça "qui court aprez sa queue et tournoie comme vous voyez faire aux petits chats quand ils sont au milieu d'une salle, ou elles vont bellement le ventre contre terre, comme font les chats quand ils veulent prendre une soury" — até os vagalumes riscando luminosamente a noite escura, Deus os tendo provido "d'un flambeau qu'ils portent devant et derrière eux".

À admiração do bom capucho nem escapava a nudez escandalosa das índias do Maranhão. Os seus olhos — confessa — não se cansavam das linhas harmoniosas dos corpos nus que a civilização não aviltara. Era esse certamente o paraíso bíblico, que já Colombo entrevira nas maravilhas do Orinoco. Ou não estaria longe, como afirmava Vespucci.

Paraíso ou realidade, nele se soltara, exaltado pela ardência do clima, o sensualismo dos aventureiros e conquistadores. Aí vinham esgotar a exuberância de mocidade e força e satisfazer os apetites de homens a quem já incomodava e repelia a organização da sociedade europeia. Foi deles o Novo Mundo. Corsários, flibusteiros, caçulas das antigas famílias nobres, jogadores arruinados, padres revoltados ou remissos, pobres diabos que mais tarde Callot desenhou, vagabundos dos portos do Mediterrâneo, anarquistas, em suma, na expressão moderna, e insubmissos às peias sociais, — toda a escuma turva das velhas civilizações, foi deles o Novo Mundo, nesse alvorecer. Franceses no Canadá, holandeses em Nova York, ingleses na Carolina, Virgínia e Maryland, castelhanos nas Antilhas, Nova Espanha, América Central e Pacífico, portugueses e ainda espanhóis, franceses e flamengos no Brasil, todo o continente se povoou desses adventícios violentos e desabusados. Rapidamente, pelo cruzamento ou pela adaptação se transformavam em "vaqueanos" e "rastreadores" da América espanhola, em coureurs de bois dos desertos do norte, no tapejara e no mamaluco bandeirante da colônia portuguesa.

Nas praias dos mares desconhecidos desciam venerados como deuses pelo aborígene inofensivo, deuses vindos do céu ou de outro mundo, à procura de ouro[5]. Orellana, nas margens do Amazonas, aparecia ao gentio como "filho do sol" e antes, nas terras do sul, os índios se mostravam sempre dispostos a embarcar

5 Na carta anexa de 1584, escrita da Bahia e atribuída ao padre Anchieta, se diz que a palavra Caraiba quer dizer cousa santa ou sobrenatural. E por esta causa, puseram aos portugueses este nome, logo quando vieram, tendo-os por cousa grande, como do outro mundo, por virem de tão longe por cima das águas. — *Rev. Inst. Hist.* T. VI.

com os europeus, acreditando que iam para o céu, refere a *Gazeta Alemã*, de 1514.

No Brasil, logo nos anos que se seguiram ao descobrimento, se fixaram aventureiros em feitorias esparsas pelo litoral. Eram degredados que abandonavam nas costas as primeiras frotas exploradoras, ou náufragos, ou gente mais ousada desertando das naus, atraída pela fascinação das aventuras. Dessa gente, raros eram de origem superior e passado limpo — na proporção de 1 por 10, talvez. "De baxa manera y suerte", de "linajes obscuros y baxos", informam os cronistas castelhanos.

Representaram, porém, um papel peculiar na história do povoamento do continente. Entre nós, estabeleceram pela primeira vez um começo de contato entre o branco e o índio. Influíram sobre o gentio como foram influenciados por este. Uns caíram na mais extrema selvageria como o castelhano de que nos fala Gabriel Soares, com os beiços furados, ou como os intérpretes normandos que, segundo Lery, cometiam todas as abominações, indo até a antropofagia. Outros se transformavam em verdadeiros régulos, dando expansão aos seus sentimentos de homens de presa, ou então, mais medíocres, de temperamento burguês, viviam bem com o europeu e o indígena, aprendiam a língua da terra, estabeleciam feitorias e iniciavam o comércio naturista que predominou por todo o primeiro século[6].

No Brasil três núcleos de povoamento e mestiçagem sobrelevam nesse período inicial: foram os que tiveram como chefes e patriarcas Jerônimo de Albuquerque, Diogo Álvares Caramuru e João Ramalho.

Todos constituíram descendência — sobretudo os dois últimos — pelo cruzamento com cunhãs; todos proliferaram largamente, como que indicando a solução para o problema da colonização e formação da raça no novo país: "fueron pobladores, son pobladores", dizia, no Prata, Rui Diaz de Guzmán. Desses colonos, o primeiro, da estirpe dos Albuquerques, era cunhado do donatário Duarte Coelho, e vivia à maneira do gentio, amancebado com a filha de um morubixaba, e a quem batizara dando-lhe o nome cristão de Maria do Espirito Santo Arco-Verde. Casando mais tarde com mulher branca, fidalga, deixou vinte e quatro filhos, sendo oito da índia Arco-Verde. Um dos filhos mamalucos foi depois chefe da expedição de conquista do Maranhão; dele é citada nessa luta contra o invasor francês La Ravardière a frase soberba: "Somos homens que um punhado de farinha e

6 Capistrano de Abreu: *Descobrimento do Brasil*. (Tese de concurso). Rio, 1883.

um pedaço de cobra quando o há nos sustenta"... De Caramuru anda a figura envolta em lendas ainda obscuras. Grangeou, porém, tal importância que quando partiu para a colônia o primeiro governador Tomé de Sousa lhe trouxe uma carta de recomendação do próprio D. João III. Casou Diogo Álvares com a índia Paraguaçu, que, afirma frei Vicente do Salvador e duvida Varnhagen, acompanhara o marido até a corte do rei de França. Ainda a conheceu o frade historiador, morrendo muito velha, tendo visto em vida todos os filhos e netos casados nas principais famílias portuguesas da terra. O terceiro, tronco de grande linhagem mestiça, foi João Ramalho, patriarca dos campos de serra-acima na capitania de São Vicente. Dele escreveu Tomé de Sousa ao rei de Portugal: "tem tantos filhos e netos, bisnetos e descendentes deles ho nom ouso dizer a V. A. na tem cãa na cabeça nem no rosto e anda nove léguas a pé antes de yantar..."[7]. Foi o ascendente por excelência dos mamalucos paulistas que viriam a exercer tão grande influência na história do Brasil; foi o antepassado típico, como o descreve o primeiro governador, do antigo piratiningano, fisicamente forte, saudável, longevo, desabusado e independente,

7 Carta de 1.º de Junho de 1553.

resumindo as qualidades com que dotou gerações e gerações de descendentes.

Dos três nomes de destaque na história da colonização, só o de Jerônimo de Albuquerque é de família e crônica conhecidas. Dos outros dois não sabemos quando e como aportaram a nossas praias. Náufragos, desertores, degredados? Nesse mistério são entretanto simbólicos: representam o insinuante domínio do branco sobre a indiada que o acolhia no engano dos primeiros encontros. Contêm em embrião quase todos os elementos da sociedade posterior. Era ainda o período idílico e heróico, em que colono aqui chegava isolado no individualismo da época, e misturava-se com o indígena de quem aprendia a língua e adotava os costumes. Havia, porém, falta completa de mulheres brancas. Das diferentes expedições que percorreram no primeiro quartel do século XVI o litoral da colônia, em nenhuma se assinala a presença de casais ou de mulheres solteiras[8]. Este fato, que se

8 A primeira mulher branca de que há noticia no Brasil é a de João Gonçalves, meirinho em São Vicente, e de que fala uma petição datada de 1538. Segundo os termos desse documento o casal devia ter chegado um ano antes, em 1537. Tomé de Sousa, em 1549, para aqui trouxe algumas mulheres casadas com empregados que vinham temporariamente para a colônia. Só mais tarde em 1551, diz Gabriel Soares, chegaram mulheres para casar com os moradores principais da terra. Traziam como dotes ofícios de fazenda e justiça. Na frota de Bois- le-Comte (1556) refere Jean de Lery que embarca-

verifica também em algumas regiões do Prata, dá uma feição especial à conquista e povoamento do Brasil. A concubinagem tornou-se uma regra geral, trazendo como resultado a implantação da mestiçagem na constituição dos tipos autóctones que povoaram desde logo esta parte do Novo Mundo.

O clima, o homem livre na solidão, o índio sensual encorajavam e multiplicavam as uniões de pura animalidade. A impressão edênica que assaltava a imaginação dos recém-chegados exaltava-se pelo encanto da nudez total das mulheres indígenas. A própria carta de Caminha diz bem a surpresa que causou aos navegadores o aspecto inesperado das graciosas figuras que animavam a paisagem... Em meio dos grupos pitorescos que apareciam nas praias andavam entre eles três ou quatro moças bem "novinhas e gentis, com os cabelos muito pretos e compridos pelas espáduas e suas vergonhas tão altas e tão cerradinhas, e tão limpas de cabeleira que, de as muito bem olharmos, não se envergonhavam", escrevia Pero Vaz. E acrescenta que, "uma daquelas moças toda tingida de fundo acima... e certo tão bem feita e tão redonda,

ram cinco raparigas solteiras, acompanhadas por uma governante. Foram as primeiras francesas que conheceram o Brasil. Casaram-se com os seus patrícios do forte de Villegaignon.

e sua vergonha (que ela não tinha) tão graciosa que muitas mulheres de nossa terra, vendo-lhe tais feições, envergonhavam, por não terem as suas como ela". Trinta anos mais tarde ainda outro cronista se extasia diante da beleza das mulheres do Brasil "mui hermosas, que nam ham nenhûa inveja às da rua Nova de Lisboa".

Depois dos longos dias continentes da travessia, o mundo novo, com essas aparições gentis, devia ser certamente o paraíso. Explica-se assim que da frota de Cabral cinco tripulantes desertassem atraídos pela visão de uma existência edênica, além dos degredados que na praia deixou o almirante, e que em alto choro assistiram à partida das naus em caminho das Índias. Cerca de um século mais tarde confessa o francês Simão Luis, das "Confissões da Bahia", que com dez anos de idade fugira do navio em que chegara ao Brasil, internando-se com o gentio no sertão desconhecido. A extrema mocidade de muitos desses emigrantes é um traço característico da época e da gente. Como esse obscuro Simão Luis, Cortez embarcara para a América aos dezenove anos de idade; Cieza de Leon, aos 13, e Gonçalo de Sandoval, capitão de Cortez, apenas tinha 22. Estácio de Sá, entre nós, já era governador aos 17 anos, segundo uma informação jesuítica. À sedução da terra aliava-se no aventureiro a afoiteza da adolescência. Para homens que vinham da Europa policiada, o ardor dos temperamentos, a amoralidade dos costumes, a ausência do pudor civilizado — e toda a contínua tumescência voluptuosa da natureza virgem — eram um convite à vida solta e infrene em que tudo era permitido. O indígena, por seu turno, era um animal lascivo, vivendo sem nenhum constrangimento na satisfação de seus desejos carnais. "Tomam tantas mulheres quantas querem, e o filho se junta com a mãe, e o irmão com a irmã, e o primo com a prima, e o caminhante com a que encontra: vivem secundum naturam — escrevia Vespucci a Lorenzo dei Medici. Voltava-se à simples lei da natureza, e à fantasia sexual dos aventureiros, moços e ardentes, em plena força, prestava-se o gentio. Um dos mais sagazes observadores do século, Gabriel Soares de Sousa[9], escrevia, referindo-se aos tupinambás:

São "tão luxuriosos que não há pecado de luxúria que não cometam; os quais sendo de muito pouca idade tem conta com mulheres, e bem mulheres; porque as velhas já desestimadas dos que são homens, granjeiam estes meninos, fazendo-lhes mimos e regalos, e ensinam-lhes a fazer o que eles não sabem, e não os deixam de dia nem de noite. É este gentio tão luxu-

9 Gabriel Soares. *Tratado descritivo do Brasil.* 1587

rioso que poucas vezes tem respeito às mães e tias, e porque este pecado é contra seus costumes, dormem com elas pelos matos, e alguns com suas próprias filhas; e não se contentam com uma mulher, mas tem muitas, como já fica dito, pelo que morrem muitos de esfalfados. E em conversação não sabem falar senão nestas sujidades, que cometem cada hora; os quais são tão amigos da carne que se não contentam, para seguirem seus apetites, com o membro genital, como a natureza o formou; mas há muitos que lhe costumam pôr o pêlo de um bicho tão peçonhento, que lho faz logo inchar, com o que tem grandes dores, mais de seis meses, que se lhe vão gastando, por espaço de tempo; com o que se lhe faz o cano tão disforme de grosso — que os não podem as mulheres esperar, nem sofrer; e não contentes estes salvagens de andarem tão encarniçados neste pecado, naturalmente cometido, são mui afeiçoados ao pecado nefando, entre os quais se não tem por afronta; e o que serve de macho, se tem por valente, e contam esta bestialidade por proeza; e nas suas aldeias pelo sertão há alguns que têm tenda pública a quantos os querem como mulheres públicas.

Como os pais e as mais vêm os filhos com meneios para conhecer mulher, eles lha buscam, e os ensinam como a saberão servir: as fêmeas muito meninas esperam o macho, mormente as que vivem entre os Portugueses. Os machos destes Tupinambás não são ciosos; e ainda que achem outrem com as mulheres, não matam a ninguém por isso, e quando muito, espancam as mulheres pelo caso. E as que querem bem aos maridos, pelos contentarem, buscam-lhe moças, com que eles se desenfadem, as quais lhe levam a rede onde dormem, onde lhe pedem muito que se queiram deitar com os maridos, e as peitam para isso; cousa que não faz nenhuma nação de gente, senão estes bárbaros".

Do contato dessa sensualidade com o desregramento e a dissolução do conquistador europeu surgiram as nossas primitivas populações mestiças. Terra de todos os vícios e de todos os crimes. Segundo o próprio testemunho dos escritores portugueses contemporâneos, a imoralidade dos primeiros colonos era espantosa, e excedia toda medida[10].

"Nessa terra, escrevia o padre Manoel da Nóbrega[11], há um grande pecado, que é terem os homens quase todos suas negras por mancebas, e outras livres que pedem aos negros por mulheres, segundo o costume da

10 João Francisco Lisboa. *Apontamentos para a história do Maranhão.*
11 Manoel da Nóbrega. *Cartas do Brasil (1549- 1560).*

terra, que é terem muitas mulheres. E estas deixam-nas quando lhes apraz, o que é grande escândalo".

Três anos mais tarde dizia o mesmo jesuíta ao rei de Portugal:

"Já escrevi a V. A. a falta que nesta terra há de mulheres com que os homens se casem e vivam em serviço de Nosso Senhor, afastados dos pecados em que agora vivem, mande V. A. muitas órfãs, e se não houver muitas, venham de mistura delas e quaisquer, porque são tão desejadas as mulheres brancas cá, que a quaisquer farão cá muito bem à terra, e elas se ganharão, e os homens de cá afastar-se-ão do pecado".

Dos bandeirantes paulistas escrevia Montoya: "Ias mujeres de buen parecer, casadas, solteras ó gentiles, el dueño las encerraba consigo en un aposento, con quien pasaba las noches al modo que un cabron en un curral de cabras". No mesmo século, testemunhava o padre Simão de Vasconcelos: "Os costumes dos portugueses, moradores que então se achavam nestas vilas, vinham a ser quase como os dos índios; porque sendo cristãos, viviam a modo de gentios; na sensualidade, era grande a sua devassidão, amancebando-se ordinariamente de portas a dentro com as suas mesmas índias, ou fossem casadas ou solteiras". Cento e tantos anos mais tarde ainda dessa lascívia brutal, monstruosa e desenvolta, se queixava o padre João Daniel, ajuntando que os homens dela usavam "sem temor de Deus nem do pejo"[12].

Não era um vício excepcional na história da conquista da América. Conhecemos o harém que seguia o exército de Cortez, composto de 20 raparigas, todas *señoras y hijas de principales*. Os conquistadores espanhóis do século XVI viviam num regime de poligamia muçulmana. Todo soldado ou encommendero tinha o seu gineceu em que reunia pelo menos três mulheres. No Paraguai e no Prata se elevava frequentemente a 20 o número dessas concubinas, seguindo os exemplos de Irala, Vergara, Nuflo de Chaves e outros do Sul do continente.

Nem pareçam entre nós suspeitas as informações que a respeito nos vêm dos padres da Companhia, sempre em luta com os colonos. Os arquivos da Torre do Tombo forneceram os preciosos documentos da primeira visitação do Santo Ofício às partes do Brasil, de 1591-92. É um quadro impressionante do começo de sociedade que era a Bahia nesse findar de século. É também no segredo inquisitório a mostra minuciosa e completa das mais baixas paixões, que só parece devam existir na decadência das civilizações.

12 João Daniel. *Tesouro descoberto no rio Amazonas. Rev. Inst. Hist. tomo II.*

Grande número dessas confissões, 45 em 120, referem-se ao pecado sexual. Na população relativamente escassa da cidade do Salvador e do seu recôncavo a repetição dos casos de anormalidade patológica põe claramente em evidência em que ambiente de dissolução e aberração viviam os habitantes da colônia. São reinóis, franceses, gregos, e a turba mesclada da mestiçagem — mamalucos, curibocas e mulatos — trazendo ao tribunal da Inquisição os depoimentos dos seus vícios: sodomia, tribadismo, pedofilia erótica, produtos da hiperestesia sexual a mais desbragada, só própria em geral dos grandes centros de população acumulada. Sodomita, esse vigário de Matoim, de 65 anos, cometendo atos desonestos com mais de quarenta pessoas, ou esse outro clérigo, Fructuoso Álvares, "homem velho que já tem as barbas brancas", pederasta passivo, assim como o cônego Bartholomeu de Vasconcellos, apaixonado pelos negros de Guiné; e o sodomita incestuoso Bastião de Aguiar, menor de 16 anos que se ajuntava com o irmão mais velho e com um bacharel em artes, natural do Rio de Janeiro; e Lázaro da Cunha, mamaluco, que vivera cinco anos entre os tupinambás, "despido e tingido", praticando com as índias o pecado nefando; e o cristão novo Afonso encontrando-se com o seu cúmplice Fernão "pelos campos e ribeiras"; e

João Queixada, morador em casa do governador Dom Francisco de Sousa e que dormia em Lisboa com os pajens do deão da Sé. Tríbade, essa famosa Felipa de Sousa, que conhecia como uma Safo parisiense a arte de "falar muitos requebros e amores e palavras lascivas melhor ainda do que se fora um rufião à sua barregã" e que conseguiu penetrar, para saciar o vício, num mosteiro de monjas; tríbade também Luiza Roiz, que perseguia na sua fúria as negras da cidade. Pedófilo, o cônego Jacome de Queiroz, deflorador de uma pequena mamaluca de seis anos, que vendia peixe pelas ruas; sacrílego erótico, Fernão Cabral de Thayde, que queimara viva uma escrava índia, grávida, e escolhera a igreja de Jaguaripe para os seus ajuntamentos e que diante de uma repulsa declarava, "trocendo os bigodes", que isso tudo eram "carantonhas", que uma bochecha d'água lavava; culpado de bestialidade, Heitor Gonçalves, confessando que sendo menino, de 8 a 14 anos e pastor de gado "nesse tempo dormira carnalmente por muitas vezes em diversos tempos e lugares com muitas alimárias: ovelhas, burras, vacas, éguas, etc., e afinal, notável pela sua posição social, o capitão Martim Carvalho, tesoureiro das rendas, amancebado publicamente com um joven que o acompanhava nas entradas pelo sertão. Esse, tão escandaloso, que fora recambiado para o reino por pecado de sodomia.

Em meio dessas sujidades, como dizia Gabriel Soares, chega a destacar-se pela sadia normalidade de suas proezas amorosas, Domingos Fernandes, por alcunha o Tamacuana, mamaluco bandeirante de Pernambuco, companheiro de Antônio Dias Adorno, e que simboliza toda a sua época, meio bárbaro, meio civilizado, tatuado de urucu e genipapo, venerador do Papa das santidades gentílicas mas "contendo no seu coração a fé de Cristo", tudo por fingimento, dizia, "para enganar aquela gente" e trazê-la consigo para a escravidão. Contentou-se em desvirginar duas afilhadas menores e viver, à moda dos selvagens, com o seu harém de cinco ou seis mulheres que a indiada lhe oferecia no sertão.

O vício e o crime não eram, porém, privilégio das camadas inferiores e médias das povoações coloniais nesse fim do século XVI. O francês Pyrard, de Laval, que esteve no Brasil nos primeiros anos do século seguinte, conta uma anedota que lança alguma luz sobre a vida íntima da boa sociedade da época. Andava ele passeando pela cidade "vestido de seda à portuguesa e à moda de Goa que é diferente da dos portugueses de Lisboa e do Brasil", quando se aproximou uma escrava, negra de Angola, trazendo um recado de alguém que desejava falar-lhe. Depois de alguma hesitação e por curiosidade, aceitou o convite "para ver em que dava". "Ela fez-me dar — narra Pyrard — mil voltas e rodeios por umas ruas escuras, o que a cada passo me punha em grande terror, e quase em resolução de não passar mais avante, mas ela me dava ânimo, e tanto fez que me levou a um aposento mui belo e grande, bem mobiliado e guarnecido, onde não vi mais ninguém senão uma jovem dama portuguesa, que me fez mui bom agasalhado, e me mandou logo me aprestar uma mui boa refeição; e vendo que o meu chapéu não era bom, ela com a sua própria mão me tirou da cabeça, e me deu outro novo de lã de Espanha com uma bela presilha, fazendo-me prometer que tornaria a visitá-la, e da sua parte me favoreceria, e me daria gosto em tudo o que pudesse. Não faltei à promessa, e ia visitá-la frequentemente enquanto lá estive"...[13].

Dezenas de anos mais tarde, em 1685, pelo Brasil apareceu o espanhol Francisco Correal, autor de uma "Viagem às Índias Ocidentais", referindo coisas interessantes sobre a mesma cidade do Salvador. "As mulheres, diz o castelhano, são menos visíveis que no México, devido ao imenso ciúme dos maridos; mas são tão libertinas e para satisfazerem as suas paixões

13 *Viagem de Francisco Pyrard de Laval (1601- 1611)*. Trad. portuguesa, Nova Goa, 1858.

põem em prática toda a casta de estratagemas... Se a precaução dos maridos não impede as intrigas de suas mulheres, a dos pais não evita que as mães prestem seus caridosos socorros às filhas, logo que ficam núbeis. É mesmo muito vulgar as mães indagarem das filhas o que elas são capazes de sentir aos 12 ou 13 anos de idade e incitá-las a fazer tudo o que possa embotar os aguilhões da carne. As virgindades estão em leilão na cidade do Salvador e alcançam elevados preços, porquanto são colhidas muito cedo"... Em Santos aconteceu-lhe aventura igual à de Pyrard (o que fez Alfredo de Carvalho duvidar da sua autenticidade). Somente, aos encontros amorosos ia o espanhol disfarçado em padre.

Quando em 1591 chegou à colônia o licenciado Heitor Furtado de Mendonça, deputado do Santo Ofício, a iniciar a sua primeira visitação, era a cidade do Salvador um extravagante caravansarai, pitoresco e tropical. Aí — dizia o padre Fernão Cardim — "os encargos da consciência são muitos e os pecados que se cometem não têm conta: quase todos andam amancebados por causa das muitas ocasiões". Acrescentava, referindo-se ao açúcar dos engenhos: "bem cheio de pecados nasce esse doce..." Pelas ruas da cidade transitava um estranho amálgama de fidalgos, funcionários, soldados, frades, padres, índios e negros.

Os homens de condição seguiam a moda espanhola de andarem sempre de preto, com rosários nas mãos, de um lado uma longa espada e de outro um grande punhal; mulheres, apareciam raramente, só nas festas religiosas, e pela falta de exercício mal podiam caminhar, apoiando-se nas pajens que as acompanhavam. Como as de Olinda, no dizer de Calado, parecia que sobre as suas cabeças tinha chovido uma chuva de pérolas, rubis, esmeraldas e diamantes. Em contraste, índios mansos e escravos de Guiné exibiam nas ruas e lugares públicos a mais completa nudez. Fora do recinto da cidade, pelo recôncavo e sertão imediato a conquista se fizera, logo depois da administração de Tomé de Sousa, pela concessão de sesmarias feudais, como as de Garcia d'Ávila, que semeou culturas, construiu currais e levantou a célebre casa da Torre vigiando a costa e a indiada suspeita. Aí, nos últimos quartéis do século XVI, ostentava o fidalgo grande luxo, à europeia, com muitos cavalos, criados e escravos. Foi nessa época o tipo do potentado. Residia habitualmente na capital da colônia, como um nababo: andava, diz um cronista, em "cadeirinhas ornadas de sanefas de seda, forradas de veludo vermelho e cobertas de damasco". Ficaram afamados os bailes que dava, em que exibia ricos candelabros de prata e bronze, serviços finíssimos de louça da Índia e da China, alfaias suntuosas. Por toda a parte, porém, a miséria mais relaxada e andrajosa ao lado de cavalhadas vistosas com vestuários de veludo e sedas. Pequeno núcleo, enfim, de devassidão, indisciplina e viver desregrado desenvolvendo em plena anarquia moral e social os germes de desmoralização e depravação de costumes trazidos da metrópole já decadente[14].

Em Pernambuco, em fins do século XVI, não era menos curioso o espetáculo. Aí rapidamente tinham desaparecido as riquezas e o brilho dos primeiros tempos. "Desdorou-se esta terra com grande desaforo — dizia o autor do Valeroso Lucideno —: as usuras, onzenas, e ganhos ilícitos eram cousa ordinária; os amancebamentos públicos sem emenda alguma, porque o dinheiro fazia suspender o castigo; os estupros e adultérios eram moeda corrente...". Um senhor de engenho, desesperado de tanto depravamento e corrupção, colocou-se em meio da rua Nova, em Olinda, exclamando em altas vozes: "Aonde estão os irmãos

14 "Je ne sais si le libertinage est aussi grand par tout le Brésil, qu'il est dans la ville de San Salvador. Les femmes, les plus qualifieés, et celles qui passent pour avoir quelque vertu, n'en font point de scrupule de parer leurs esclaves avec beaucoup de soins afin de les mettre en état de vendre plus cher les infames plaisirs qu'elles donnent: elles partagent ensuite le malhereux profit de la débauche de ces prostituées; l'on peut dire que le vice y règne souverainement". — Dellon. *Nouvelle Relation d'un voyage fait aux Indes Orientales.* Amsterdam.

da Santa Casa de Misericórdia, tão zelosos das obras de caridade e do serviço de Deus? Venham aqui para darem sepultura à Justiça, que morreu nesta terra, e não há quem a enterre honradamente". De fato, acrescentava frei Manoel Calado, os ministros da justiça traziam as varas muito delgadas: "como lhe punham os delinquentes nas pontas quatro caixas de açúcar logo dobravam...".

Era essa a sociedade informe e tumultuária que povoava o vasto território cem anos depois de descoberto. Do Pará até Cananeia poucos estabelecimentos se desenvolviam, em meio de desertos desolados. Habitavam-no cinco condições de gente, informa o autor dos Diálogos, testemunha de vista: os marítimos, os mercadores, os oficiais mecânicos, os salariados, os proprietários rurais, — uns, simples lavradores de mantimentos ou criadores de gado, e outros, ricos, senhores de engenho. A camada inferior da população era formada por escravos, indígenas, africanos ou seus descendentes. Caracterizava o europeu o desamor à terra, aquilo que o nosso historiador chamou de transoceanismo: o desejo de ganhar fortuna o mais depressa possível para a desfrutar no além-mar. Gandavo observou, entretanto, que os velhos acostumados ao país não queriam sair mais. Eram certamente os que constituíram a estrutura básica racial, os primeiros colonos — degredados, desertores, náufragos — gente da Renascença, que o crime, a ambição ou o espírito aventureiro fizera abandonar a Europa civilizada. Apresentavam um produto humano fisicamente selecionado, tendo resistido aos perigos, tributações e sofrimentos da longa e incerta travessia. Ao se instalarem no país virgem tinham conseguido vencer a hostilidade da natureza e adaptar- se às condições de uma nova existência. Nesta, tinham aceitado mais ou menos a mentalidade e a moralidade ambientes e aprendido com o aborígene os processos de caça, de pesca e de rudimentar agricultura que forneciam o milho, o cará e a mandioca à sua escassa alimentação. São homens, dizia Mello da Câmara, "que se contentam em terem quatro índias por mancebas e comerem os mantimentos da terra". Moralmente, já eram mestiços, observou Capistrano, e essa como que mestiçagem lhes permitiu, na luta em que sucumbiam os fracos e tímidos, a fácil adaptação à vida colonial. Por outro lado nenhum obstáculo encontravam para a satisfação dos vícios e desmandos que na Europa reprimiam uma lei mais severa, uma moral mais estrita e um poder mais forte. Entregavam-se com a violência dos tempos à saciedade das paixões de suas almas rudes.

Uma delas foi a lascívia do branco solto no paraíso da terra estranha. Tudo favorecia a exaltação do seu prazer: os impulsos da raça, a molícia do ambiente físico, a contínua primavera, a ligeireza do vestuário, a cumplicidade do deserto e, sobretudo, a submissão fácil e admirativa da mulher indígena, mais sensual do que o homem como em todos os povos primitivos, e que em seus amores dava preferência ao europeu, talvez por considerações priápicas, insinua o severo Varnhagen. Procurava e importunava os brancos nas redes em que dormiam, escrevia Anchieta[15]. Era uma simples máquina de gozo e trabalho no agreste gineceu colonial. Não parece que nenhuma afeição idealizasse semelhantes uniões de pura animalidade. De uma refere o viajante Jean Moucquet o fim impressionante. Uma indígena, abandonada pelo amante europeu com quem vivera longos anos, vendo-o partir numa caravela de passagem, matou o filho comum, cortou-o em duas partes e lançou uma destas ao mar como que entregando ao homem a porção que lhe pertencia. A bordo perguntaram a este quem era essa mulher, ao que respondeu: não é ninguém, é uma índia sem importância.

15 "Las mujeres andan desnudas y no saben negar a ninguno, mas aun ellas mismas acometen y importunan los hombres achando-se con ellos en las redes; porque tienen por honra dormir con los zianos...". Carta a Laynes.

De fato, só o macho contava. A mulher, acessório de valor relativo, era a besta de carga, sem direitos nem proveitos, ou o fator incidental na vida doméstica. Fenômeno androcêntrico, de origem portuguesa e indígena, que por tanto tempo perdurou na evolução étnica e social do país. Não o modificou, ou antes, o acoroçoou a passividade infantil da negra africana, que veio facilitar e desenvolver a superexcitação erótica em que vivia o conquistador e povoador, e que vincou tão fundamente o seu carácter psíquico.

Outra paixão, porém, o dominava. Outra, ainda mais tirânica. — A cobiça.

a cobiça

"Se vos perguntam porque tantos riscos se correram, porque se afrontaram tantos perigos — escreve o poeta de Y-Juca-Pyrama — porque se subiram tantos montes, porque se exploraram tantos rios, porque se descobriram tantas terras, porque se avassalaram tantas tribos: dizei- o — e não mentireis: foi por cobiça". — Cobiça insaciável, na loucura do enriquecimento rápido.

A emigração para as Índias e para todo o Oriente aliava ao amor do ganho e ao instinto de mercância essa glória ingente de que falava Camões e que tão galhardamente souberam conquistar os Gamas, Almeidas, Castros e Albuquerques. O fragor das armas nas lutas contra infiéis e mouros disfarçava os conciliábulos dos mercadores, negociando tratados e contratos comerciais. O nervo eram os canhões, a alma a pimenta, resumiu Oliveira Martins: Tam Marti quam Mercurio. Para o Brasil — já o vimos — só vinha por sua própria vontade o aventureiro miserável, resolvido a tudo, o desperado, na expressão inglesa.

Os combates travados não eram as emplumadas e vistosas pelejas da Ásia e da África, mas a luta inglória e obscura contra o gentio insidioso, misérrimo e obscuro, e contra a hostilidade da natureza. Diante dos esplendores da conquista do Oriente, na metrópole ninguém pensava na terra dos bugios, saguis, papagaios, araras e pau-de-tinta. O Brasil, disse Southey, foi descoberto por acaso, e ao acaso o deixaram durante longos anos. No primeiro quartel do século XVI o governo português não cuidou de se estabelecer no território recém-achado. Pelos desertos do litoral mercadejava em escravos, madeiras e animais, o colono isolado, vivendo, no seu sonho de pioneiro, da caça, das frutas e mantimentos da terra. Foi, já o dissemos, a época dos degredados, dos criminosos, dos náufragos, dos grumetes rebelados. Individualismo infrene, anárquico pela "volatilização dos instintos sociais", cada qual tendo no peito a mais formidável ambição que nenhuma lei ou nenhum homem limitava, e entregue ao encanto da novidade e da surpresa. Como exclusiva preocupação, viver livre e dominar; como único alento, a miragem que então incendiava a imaginação do mundo inteiro de não estar muito longe, mas sempre inatingível, o maravilhoso Dorado, senhor da lagoa de prata de Manoa e da cidade do Ouro rodeada de montanhas reluzentes de pedrarias. Lenda continental que por toda parte se espalhara, como o Dorado dos Paytitis, na região dos Mojos e Chiquitos, o Dorado dos Cesares, na Patagônia e no Chaco, o Dorado das Siete-Ciudades, no Novo México, e até nas grandes planícies da América do Norte, o Dorado de Quiriza.

A conquista de Quito e de Cuzco como que confirmava esse sonho. Tornava-se realidade palpável o país encantado em que, diziam, "pisan Ias bestias oro y es pan cuanto se toca con Ias manos". Por toda a América se apregoava a nova dos tesouros fabulosos levantados da terra pela espada sanguinolenta dos Cortezes, dos Pizarros, dos Valdivias. Açulava ainda mais esse frenesi o dogma geográfico de que sempre no Oriente mais ouro e prata escondia a natureza. Se o Peru e o Potosi eram o que a fama repetia, ainda maiores riquezas deviam conter os territórios a leste dos Andes. "O Oriente é mais nobre que o Ocidente e portanto o Brasil mais opulento que o Peru", dizia o autor do "Diálogo das grandezas do Brasil".

A prata do Potosi foi assim durante séculos a grande miragem que atraía as populações do litoral atlântico ou das que se achavam já mais terra a dentro. A história ainda não desvendou o mistério das relações entre a costa Oriental do continente e os países transandinos, desde os trilhos pré-históricos das migrações em direção leste vindas da Melanésia, Polinésia ou Austrália, até as expedições em sentido inverso de Aleixo Garcia, Ayalas, Gaboto e outros que parece tinham noticia dos caminhos para as minas lendárias da prata. As comunicações existiam sem dúvida. Na Argentina há indícios de ocupação incásica. Desde os princípios da colonização sul-americana, da costa do Pacífico, mais povoada de brancos, aventureiros embrenhavam-se até a costa à procura do mar oriental, através do Paraguai e do Paraná. Da contiguidade do Peru, por seu turno, vinha a obsessão do Potosi ou da prata, mais viva e anterior à do ouro, nas preocupações ambiciosas dos pioneiros da colônia portuguesa. A Gazeta Alemã, de 1514, tão discutida, já se refere a um povo das serras, "rico de armaduras feitas de chapas de ouro, muito delgadas, que os combatentes levam sobre o peito e na testa". E a uma comunicação transcontinental alude a estranha carta de Diogo Nunez, narrando a D. João III uma viagem à província de Machifalo em 1530, acompanhando o capitão Alonso Mercadillo. "Em esta província de Machifalo que eu vi — escrevia Nunez — se podem povoar cinco ou seis vilas mui ricas porque sem dúvida há nela muito ouro" havendo porém "muita terra que andar, e saída por São Vicente"[16]. Para a gente do Pacífico a lenda

16 A carta de Nunez é de 1552 ou 53, doze ou treze anos depois da expedição a Machifalo, nome que mais tarde desapareceu das

também contribuía para a ilusão das riquezas orientais, situando neste lado das cordilheiras, nas matas que escondiam os rios imensos, o país das maravilhas que Raleigh veio a descrever. A realidade porém era outra nesse áspero começo de vida civilizada. Nenhuma organização, nenhum auxílio; apenas de vez em quando uma nau passageira surgia no curto horizonte. Era um pirata francês, ou gente procurando aguada e refresco em caminho das Índias, ou embarcações desgarradas das expedições primeiras trafegando as feitorias da costa.

As lutas com os franceses ocuparam os primeiros tempos. Foram ferozes. Em 1527 as cinco caravelas e uma nau de Cristovão Jacques percorrem as costas de Pernambuco, Bahia e talvez Rio de Janeiro, numa guerra de extermínio aos entrelopos, enforcando prisioneiros, enterrando outros até os ombros para servirem de alvo aos arcabuzes portugueses. Os fatos demonstraram que tudo era inútil, sem se povoar o país. Os piratas afastavam-se para recomeçar em seguida. Foi quando a metrópole cogitou da empresa coloniza-

cartas geográficas e que parece não ser longe das grandes ilhas do Solimões. Por essa mesma época assinala-se no Peru a chegada de cento e cinquenta índios vindos de terras brasileiras, ou pelo rio Maranhão ou pelo Paraguai. Traziam crianças e mulheres; diziam ter gasto doze anos na viagem. — (Jimenez de la Espada. *La jornada del capitan Alonso Mercadillo*).

dora que ia confiar a Martim Afonso, e que veio iniciar com cunho oficial, a exploração do interior, como a dos quatro homens que percorreram o interior do Rio de Janeiro e que deram novas "de que no rio do Peraguay havia muito ouro e prata", e a de Cananeia, sob o comando de Pero Lobo, trucidada pelos selvagens dos campos de Curitiba. O mais era a luta contra a natureza hostil ou adormecedora e contra o índio inimigo.

O encanto do primeiro encontro com a terra desconhecida desaparecia aos poucos para ser substituído por uma dura realidade em que o colono se via "abafado pela mata virgem, picado por insetos, envenenado por ofídios, exposto às feras, ameaçado pelos Índios, indefeso contra os piratas"[17]. Pode-se dizer que somente o governo de Tomé de Sousa apresenta um começo de organização para a conquista da terra, iniciando o período administrativo da exploração

17 A terra defendia-se, para assim dizer. A sua salubridade, tão apregoada pelos primitivos cronistas, parece exagerada nesses primeiros entusiasmos. As cartas jesuíticas da época queixam-se a miúdo dos calores e frios excessivos que atormentavam os padres em suas viagens. Anchieta refere-se ao vento Sul que varria os descampados de Piratininga. Cardim o encontrou na sua visitação, cansado e enfermo. Na carta de Luiz Ramires, de 1528, conta ele que nas vizinhanças de Santa Catarina, onde esteve três meses e meio construindo uma galeota, adoeceram todos os companheiros, dos quais morreram quatro «en que era la tierra tan enferma que a todos los llevó por un rasero». *Rev. Inst. Hist.* vol. XV. pg. 23.

da colônia. Período das grandes expedições oficiais como a de Brusa de Spinosa, a de Vasco Rodrigues Caldas, a de Martim Carvalho, de Sebastião Fernandes Tourinho, de Antônio Dias Adorno e a que Gabriel Soares organizou mas não conseguiu realizar. Eram essas expedições, observa Calógeras, um elemento de criação legal — ocupação quase pacífica em que o ímpeto guerreiro dos sertanistas se limitava à escravização do aborígene rebelde, desde que o não pudesse seduzir para o trabalho da sua lavoura. Esse aspecto diferença essas entradas da conquista violenta que ensanguenta a crônica dos invasores castelhanos nas outras regiões do continente.

As entradas pioneiras ou de resgate, abrindo-se em leque das costas marítimas em diferentes diretrizes à procura dos sertões, formaram o grande processo de exploração e povoamento que é a própria história do país. Martius aconselha a quem a quiser escrever, a divisão em grupos das antigas capitanias, separando a natureza física os vários territórios da colônia. Assim, converge a história de São Paulo, Minas, Goiás e Mato Grosso; a do Maranhão se liga à do Pará, e à roda de Pernambuco formam um grupo natural o Ceará, Rio Grande do Norte e Paraíba; a história da Bahia é finalmente a de Sergipe, Alagoas, Porto Seguro e de parte do Piauí e Maranhão.

Para uma síntese, esse método permite do mesmo modo agrupar o movimento bandeirante em diversos núcleos de influência e penetração, que seguindo e ligando os rios desvendavam e exploravam o interior da terra. Será assim possível reunir e resumir a nossa expansão geográfica da maneira seguinte:

(a) bandeiras paulistas, ligando o Paraná ao Paraguai, e pelo Guaporé, Madeira, Tapajós e Tocantins atingindo o Amazonas (o Xingu, pelas más condições de navegabilidade, nunca foi frequentado); bandeiras paulistas, ligando o Paraíba ao São Francisco, ao Parnaíba e Itapecurú até o Piauí e Maranhão por um lado; ligando o São Francisco, o Doce, o Paraibuna, ao Paraíba do Sul, galgando a serra dos Órgãos, para terminar na Guanabara; bandeiras paulistas, entre a serra do Mar e o Paraná, todas elas atravessando o Uruguai para o Rio Grande do Sul;

(b) bandeiras baianas, ligando o S. Francisco ao Parnaíba e chegando ao Maranhão pelo Itapecurú; bandeiras baianas, ligando o São Francisco ao Tocantins; bandeiras baianas, que indo do Serro e Minas Novas, procuravam o Rio pelo caminho da terra do ouro;

(c) bandeiras pernambucanas entre o Capibaribe e serra de Ibiapaba, muito menos importantes que as duas anteriores, traçadas a menor distância do litoral, pelo sertão "de fora", recebendo muita gente diretamente do litoral, subindo os rios que nele desembocam;

(d) bandeiras maranhenses, de pouco alcance, ligando o Itapecurú ao Parnaíba e São Francisco, e o Parnaíba às terras aquém do Ibiapaba;

(e) bandeiras amazônicas, que pelo Madeira se ligaram às de São Paulo; alcançaram os limites do Javari e ocuparam a Guiana[18].

Por toda a parte o aventureiro corria atrás da prata, do ouro e das pedras preciosas, que durante quase dois séculos não foram senão ilusões e desenganos. Compensava a esterilidade do esforço a descida do indígena. Entrelaçavam-se e confundiam-se assim bandeiras de caça ao gentio e bandeiras de mineração. Quando se dissipava a miragem da mina ficava como consolo o índio escravizado: "estes, Senhores, — escrevia o padre Vieira — são as minas certas deste Estado, que a fama das de ouro e prata sempre foi pretexto, com que aqui se iam buscar as outras minas que se acham nas veias dos índios, e nunca as hou-

18 Devo este esquema a uma nota magistral e inédita de Capistrano de Abreu.

ve na terra". Na verdade as notícias vagas de riquezas escondidas nos sertões ainda eram meras promessas. O bom senso prático de alguns administradores chegou a duvidar do sucesso dessas empresas. Em 1551 o experimentado Tomé de Sousa, desiludido de tanta tentativa inútil, aconselhava ao poder real: "eu algumas (entradas) farei mas há de ser com muito tempo e pouca perda de gente e fazenda... que não hei de falar mais em ouro se não se o mandar a vossa Alteza". E nos primeiros anos do século XVII escrevia ao rei o governador da repartição do Norte, D. Diogo de Menezes; "creia v. m. que as verdadeiras minas do Brasil são açúcar e pau brasil de que v. m. tem tanto proveito, sem lhe custar de sua fazenda um só vintém".

Para sustentar a quimera do ouro que foi a loucura da época, sempre latente e insistente em todos os empreendimentos, era no entanto necessário viver e trabalhar a terra para o sustento diário: daí por todo o século XVI o lento progresso da lavoura incipiente e do comércio rudimentar. Como vimos, a princípio vivia o europeu de caça, pesca e frutas, que eram a base da sua alimentação. Em 1511, porém, já iniciava alguma exportação: a nau Bretoa, nesse ano, levava para Portugal cinco mil toros de pau brasil, e os animais domésticos que o índio chamava "mimbabo", como vinte e dois tuins, dezesseis saguis, dezesseis gatos, quinze papagaios, três macacos — e quarenta peças de escravos. Fundaram-se feitorias, toscos galpões assentes em meio de estacadas para evitar surpresas, alguns edificavam casas; começava a agricultura de gêneros exportáveis, o açúcar, o fumo, etc. Desta fase é característico o gado miúdo — galináceos, porcos, cabras, ovelhas, o "federvieh" dos alemães. Equinos e bovinos ainda raros. A economia naturista movimentava com lentidão a permuta dos produtos; faziam-se os pagamentos em sal, ferramentas, fazendas, nunca em dinheiro de contado. Era o que Bucher chama a economia fechada ou doméstica: produtor e consumidor são idênticos. O próprio arrematante dos impostos pagava-se em gêneros. Frei Vicente do Salvador conta a respeito a história de um bispo de Tucuman que de passagem estivera algum tempo no Brasil. Este bispo via que quando mandava comprar um frangão, quatro ovos e um peixe para comer nada lhe traziam porque não se achava na praça nem no açougue e, se mandava pedir as ditas cousas e outras mais às casas particulares, lhas mandavam. "Verdadeiramente, dizia o bispo, nesta terra andam as coisas trocadas, porque ela toda não é república, sendo-o cada casa".

A cultura do açúcar aumentou rapidamente: criaram- se primeiro os engenhos de São Vicente e Pernambuco, mais tarde os da Bahia. Em 1581 estes últimos já exportavam 120.000 arrobas; de Pernambuco nesse mesmo ano partiam 45 navios carregados de açúcar e pau-brasil. Em 1611, dizia Pyrard, não há lugar no mundo onde se produza açúcar com tanta abundância: fala em 400 engenhos na costa do Brasil, de Itamaracá a Itanhaém. Deve ser exagero. Por essa época, diz Capistrano, as sedes das capitanias, mesmo as prósperas, eram simples lugarejos. A prosperidade relativa de Pernambuco e a sua riqueza que tanto admirou Fernão Cardim, foi motivada antes pela situação geográfica mais próxima da metrópole do que pelo desenvolvimento das culturas. Chamou Duarte Coelho à sua Capitania "Nova Lusitânia", e era de fato, como observa Oliveira Lima, um prolongamento da antiga, um Portugal americano. Destacava-se dentre as outras pelo ar civilizado que lhe emprestava a proximidade das terras de além-mar.

O pastoreio teve influência mais funda e de maiores consequências. Facilitou a conquista e o povoamento do solo: só depois de próspera a criação puderam ser tentadas as minas. Antes, morreriam de fome os mineiros no deserto. Logo nas primeiras frotas colonizadoras chegou a Pernambuco, Bahia e São Vicente gado vacum importado das ilhas de Cabo Verde. As expedições que procuravam o interior espalhavam os currais pelos sertões pernambucanos, baianos e sergipanos, indo até o Sul do Ceará e do Maranhão. Daí vinha ao centro de consumo pelo próprio pé. Cardim já falava em proprietários que tinham quinhentas ou mil cabeças. No extremo Sul o gado aparece pela primeira vez em 1556 quando — narra Southey — o capitão Juan de Salazar trouxe da Andaluzia para o Brasil sete vacas e um touro. Os animais foram transportados até o rio Paraná e depois em jangada até Assunção. Dessa ponta de gado e do importado do vice-rei do Peru deve-se ter espalhado pelo Sul de Mato Grosso e pelas reduções jesuíticas o grande rebanho que rapidamente inçou os campos e pantanais dessas regiões. Em São Vicente, nos campos de Piratininga, se desenvolvia também a criação, importada diretamente e aproveitando os pastos excelentes dos latifúndios de serra-acima: Gabriel Soares diz, "que as outras capitanias ali se iam prover de vacas para criarem". No Norte o gado acompanhou o curso do São Francisco, nas margens pernambucana e baiana. Em seguida, outros caminhos se tornaram necessários, partindo do grande rio civilizador. Nessa penetração, em que o sertanejo teve de lutar com mil dificuldades, desde a seca e o índio inimigo até a falta de alimentos, como a farinha e o milho, constituiu-se um meio especial que Capistrano de Abreu denominou a "época do couro". "De couro era a porta das cabanas, o rude leito aplicado ao chão duro e mais tarde a cama para os partos; de couro todas as cordas, a borracha para carregar água, o mocó ou alforge para levar comida, a maca para guardar roupa, a mochila para milhar cavalo, a peia para prendê- lo em viagem, as bainhas de faca, as bruacas e surrões, a roupa de entrar no mato, os banguês para cortume ou para apurar sal; para os açudes, o material de aterro era levado em couros puxados por juntas de bois que calcavam a terra com seu peso; em couro pisava-se tabaco para o nariz".

Nos sertões do Norte ia ter o Paulista a sua missão povoadora ligada à indústria pastoril. Ameaçados pelo gentio revoltado e pelos negros dos Palmares, os governadores gerais recorreram à fama guerreira dos bandeirantes de São Paulo. Dessas expedições longínquas muitos não voltaram ao altiplano natal; afazendavam-se, imobilizados no seu nomadismo por um fenômeno constante nas populações pastoris, que o gado retém e fixa.

Apesar do desenvolvimento agrícola em certas capitanias, culminando com várias vicissitudes na exploração pernambucana e baiana da cana de açúcar — e concomitantemente com o estabelecimento dos currais de gado — o Brasil foi, entretanto, na lenda e na realidade, o país do ouro e das pedras preciosas.

O sertão vivia como ainda vive hoje, inexplorado, guardando em seu arcano, para o escoteiro, a esperança de todas as possibilidades. A sua história, nas suas linhas gerais, será a história dos catadores, faiscadores e lavageiros de ouro, da prata e das pedrarias. Atrás dessa ambição correram as bandeiras por toda a vastidão da terra desconhecida. Guerra com o estrangeiro só tivemos nos primeiros tempos as que provocaram as tentativas de colonização francesa de Villegaignon e La Ravardière, os rápidos ataques dos corsários ingleses e os trinta anos de luta, circunscrita, isolada, da invasão holandesa. O mais, durante tão longos anos, foi o cativeiro do gentio, e com altos e baixos, a febre do ouro e da riqueza mineira. Obsessão diabólica. Dinamismo formidável de uma época, de uma raça e de um novo tipo étnico, convergindo numa ideia fixa, avassaladora. Ouro. Ouro. Ouro.

A essa verdadeira pandemia só escaparam duas classes de colonos: os padres da Companhia e os parasitas sedentários da burocracia metropolitana. Estes, pela estupidez vegetativa dos governos coloniais, capitães-mores, fidalgotes, desembargadores, ouvidores, bispos, toda a complicada máquina administrativa que já começara a sugar a energia do velho Portugal. Aqueles, pelo derivativo da fé missioneira, em que no desenfreamento das paixões do Novo

Mundo o jesuíta representou o poder moderador, o elemento de cultura moral, de exaltado misticismo com que aqui chegaram os primitivos missionários de Coimbra e Évora. Não cabem nas considerações resumidas deste ensaio indagar melhor da influência do jesuíta na formação da nossa nacionalidade. Passados os tempos primitivos e apostólicos em que desembarcaram com Tomé de Sousa os primeiros padres, a ação da Companhia, amoldando- se à forma da sociedade, à rebeldia dos insubmissos, foi sempre ativa, direta, constante, exercendo-se em cada família e cada indivíduo para ser eficaz sobre a coletividade. Pregavam pela palavra e pelo exemplo: a abnegação, o desprendimento de si foram entre eles qualidades nunca desmentidas. O que foi a luta contra os interesses, as ambições, a devassidão da sociedade, a cobiça dos colonos, indica-o perfeitamente a crônica das dissensões entre piratininganos, maranhenses e os padres, quando as incursões a pretexto de defesa contra o índio e de catequese, se transformaram em expedições escravocratas procurando o gentio como objeto de comércio.

Esses conflitos seculares põem em evidência os vícios e virtudes tão peculiares ao tipo do bandeirante de São Paulo. É uma entidade histórica que aos poucos surge da legenda que lhe criaram os seus admiradores ou os seus detratores. Ânsia de independência levada ate o motim e a revolta, excessos e bruteza de homens de engenho rude, escrúpulos exíguos, fortaleza física apurada pela endogomia e seleção num meio propício, ambição do mando que o isolamento da montanha desenvolvia, ganância de riqueza rápida a que não era estranha a influência semítica dos cristãos novos de São Vicente e Piratininga, ausência de elementos alienígenas, consequente predominância dos fatores indígenas na cruza e no pessoal das expedições do sertão — fenômenos e condições que deram ao movimento das bandeiras paulistas uma feição específica no desenvolvimento da história do Brasil. Foram pretexto para uma lenda de que são responsáveis os historiógrafos regionais; tiveram inimigos terríveis que foram os cronistas da Companhia. Representam, porém, uma força de heroísmo anônimo e individualista, decisiva na integração do território. Traço frisantemente característico foi o seu bairrismo, no sentido de iniciativa privada, em contraposição às expedições oficiais ou oficiosas das outras regiões do país, e como auxílio que ao branco prestava o mamaluco, elemento nuclear das populações do planalto.

No anseio do enriquecimento cometeram todos os crimes que os homens dessa época praticavam para satisfação das suas paixões. Vindo da mesma origem metropolitana, a Índia já lhes era uma escola de barbárie e imoralidade: «Caelum, non animum mutant, qui transmare currum». Nada se parece tanto com uma entrada despovoadora dos sertões do Paranapanema, dirigida por um Manoel Preto ou um Antônio Raposo, como um ataque de soldados portugueses a povoações asiáticas. Desciam aí dos navios que não se afastavam como refúgio assegurado, e repartiam-se sob duas ou três bandeiras nas quais avultava a imagem da cruz. Entrada a povoação inimiga, todo o ser vivo era metido à espada, — velhos, mulheres, crianças, e até animais.

Depois da matança começava o saque. Às vezes o gentio recalcitrava. Em 1586, na costa do golfo Pérsico, depois de atacada e salteada uma aldeia cafre, quando os soldados já voltavam carregando crianças e pobres alfaias, cento e tantos pretos perseguem os atacantes, matam mais de cinquenta, dos quais doze capitães e o velho D. Francisco de Almeida, primeiro vice-rei das Índias.[19]

Não era menos inglória a guerrilha da bandeira paulista. De formação menos vistosa, o teatro das façanhas era o deserto hostil e insondável. Daí lhe vem o seu principal título de glória que foi a luta contra

19 "Memórias de um soldado da Índia" compiladas Por A. de S. S. Costa Lobo. Lisboa, 1877.

a natureza de que fazia parte o índio indefesso mas fugidio, invisível e envolvente. No glorioso anonimato dessas expedições poucas deixaram a sua história consignada nalgum roteiro ou diário. Afundavam-se pelos sertões, desapareciam, até que poucas palavras num pedaço de papel, como testamento ou inventário, anunciassem aos parentes o fim desconhecido do pioneiro. "Morto no sertão", é o estribilho consagrado nesses documentos, sem mais informações. Conhecemos as curtas narrativas de uma dessas entradas, e essa já num período mais adiantado da exploração do país, quase ao findar a grande expansão bandeirante. Heroicamente, se resume em poucas palavras. Trata-se de 35 homens que partiram para o sertão, capitaneados por Pantaleão Rodrigues. Subiram o rio das Contas, a procura de ouro. Deram logo com rasto de gentio; uns recuaram, os restantes continuaram. Sairam — diz a informação — no fim de dois meses numa maior mancha de mato, com perda de alguns, fatigados do caminho, e outros, abandonados ao desemparo por debilitados de forças. Já a este tempo os companheiros da entrada só eram onze, sem mantimentos, com pouca pólvora, sem bala ou munições para caçarem, e o que era pior, com rumo e tino perdidos. Continuaram, porém, procurando sempre o rio, para certeza do peixe e para não perderem a água, tendo já por impossível o se poderem retirar. Aos cinco meses de viagem, já eram cinco os bandeirantes. Só dois foram mais tarde socorridos de uma fazenda próxima, quando um morador indo a vaquejar um gado amontado, deu com os dois corpos deitados, parecendo mais cadáveres que vivos. Tinham gasto oito meses na viagem e percorrido mais de duzentas léguas.

No desbravamento dos sertões a bandeira foi sempre uma empresa concebida e organizada para a exploração de negócio. O granjeio do índio escravizado e vendido nos mercados de beira-mar ou utilizados nos latifúndios do planalto preparou e tornou possível as entradas de mineração que rapidamente se multiplicaram à procura de ouro — ou na ilusão do ouro, como disse Preschel. Com essa miragem o movimento bandeirante se intensificou em São Vicente e nos campos da serra do Mar, irradiando num sem número de expedições. Apesar de toscamente aparelhados, percorreram quase que todo o continente em correrias que representam um esforço gigantesco. Manoel Dias da Silva é assinalado perto de Santa Fé, na Argentina, assim como Rodrigues de Arzão na Colônia do Sacramento; Domingos Barbosa Calheiros e o mesmo Arzão, André Fernandes, Manoel de Campos Bicudo, no Paraguai; na Bolívia, junto a Sucre, Antônio Raposo Tavares, Antônio Castanho da Silva e João

Ramalho de Almeida, e mais ao Norte, na vizinhança de Santa Cruz de La Sierra, Antônio Ferraz de Araújo, Manoel de Frias e Gabriel Antunes Maciel; no coração do Peru, em caminho de Cuzco, e mais além da Nova Granada dos conquistadores espanhóis, procurando talvez o Pacífico, esse extraordinário Antônio Raposo Tavares, de quem já se disse parecer demasiado o que fez para caber dentro da vida de um homem só[20].

Deste conhecemos, por testemunho coevo, uma informação do próprio padre Vieira, numa carta de 1654 e até ultimamente inédita, dirigida ao Provincial do Brasil. Encontrou-o o jesuíta no extremo Norte, depois de uma de suas arremetidas contra as reduções do Paraguai, onde além do extermínio de milhares de índios, matara um dos padres da Companhia. "O matador — dizia Vieira — ao tempo que isto escrevo, está no Pará, e se aponta com o dedo, e os que governam o eclesiástico e o secular, posto que o conheçam, o deixam andar tão solto e tão absolto como os demais." Quando os viu o jesuíta, tinham os bandeirantes percorrido uma grande parte do interior da América, gastando três anos e dois meses nesse «grande rodeio», e navegando mais de três mil léguas de rio. Os seus

20 Afonso de E. Taunay. *Ensaio de Carta Geral das Bandeiras Paulistas.*

crimes, que Vieira assinala, não deslustravam o valor da façanha, «uma das mais notáveis que até hoje se tem feito no mundo, ...como dos Argonautas contam as fábulas, com exemplo verdadeiramente grande de constância e valor...». Ao chegarem ao Guaporé eram apenas, sob as ordens do Mestre de Campo, cinquenta e nove Paulistas e algum gentio.

O ouro brasileiro defendia-se, entretanto, pelos obstáculos naturais que surgiam diante dos passos dos mineradores: escondia-se traiçoeiro na trama impenetrável das matas do deserto. Mas nem perigos, fadigas ou desilusões esmoreciam a paixão dos aventureiros. Os bandos embrenhavam-se ininterruptamente pelo interior profundo e por toda a parte o sertanista pervagava, sem rumo, na alucinação do precioso metal. Assim, Fernão Dias no sonho das esmeraldas de Sabarabussú, trilhando sem o saber as aluviões riquíssimas do rio das Velhas; assim o Anhanguera, procurando durante anos pelos chapadões de Goiás os Martírios com que sonhara, menino. Heróis de uma heroicidade instintiva, quotidiana e desordenada, farejando os sertões para que outros se aproveitassem da caça, faltava-lhes, no entanto, o pessoal e o aparelhamento técnico indispensáveis a tais empresas[21]. No

21 "Mal pode descobrir e entabular minas quem não sabe o que elas são, que os sujeitos que até agora se haviam escolhido para estes

começo do século XVII, Diogo Botelho e D. Francisco de Sousa, em São Paulo, tentaram uma organização prática da bandeira de mineração. Do último, a morte lhe interrompeu os preparativos já adiantados. Dezenas de anos mais tarde D. Rodrigo de Castel Blanco e Mathias Cardoso, com as mesmas ideias de melhor preparo técnico, são obrigados a carregar em rede o perito João Alves Coutinho, da Bahia. Ao bandeirante em geral bastavam a sua resistência física e a teimosia insistente e impulsiva que o empurrava sempre para mais longe. A explicação dessa desproporção entre os resultados práticos obtidos e o esforço descomunal dispendido está na resistência passiva da natureza escondendo o ouro na hostilidade do clima, da mata, do deserto, e na ignorância técnica dos pioneiros. A fascinação da mina, porém, invadira o Brasil inteiro. A obsessão foi contínua, espalhada por todas as classes, como uma loucura coletiva.

Esse característico na formação da nacionalidade é quase único na história dos povos. Os agrupamentos étnicos da colônia — os mais variados, de Norte a Sul — não tiveram outro incentivo idealista senão esse de procurar tesouros nos socavões das montanhas, e nos cascalhos dos córregos e rios do interior. Outras ter-

descobrimentos não tinham ciência alguma delas — Rel. do Governador Antônio Pais de Sande, 1693...

ras pelo mundo sofreram também dessa vertigem do ouro. A Colônia do Cabo, a Austrália, a Califórnia conheceram a loucura das minas fabulosas, mas a febre se extinguia rapidamente, como um incêndio, para se transformar no industrialistno das minas e explorações comerciais. As próprias lendas — observa Martius — que na Europa fornecem à poesia popular todo um mundo de fadas, cavalheiros, duendes e espectros, no Brasil primitivo consistiam em histórias fantásticas de riquezas escondidas, minas de pedrarias e tesouros enterrados nos sertões longínquos. Assim narra o cronista o caso do índio que prometera levar um grupo de pioneiros portugueses até uma mina "de ouro limpo e descoberto" muitas léguas pelo sertão a dentro de São Vicente. Receava, porém, mostrá-la porque todos morriam quando a queriam revelar aos brancos. Esse também pagou a sua pena, porque quando amanheceu o encontraram morto, assim como a todos os mais que tentaram violar o segredo da natureza. Foi essa, simbolicamente, a história do ouro no Brasil. Durante dois séculos o sacrifício de vidas ou o esforço dos homens foi inútil e infrutífero. Apenas, em um ou outro ponto, algum faiscador mais feliz enriquecia a custa do ouro de lavagem como no Jaraguá, em São Paulo, Afonso Sardinha, o moço, que dizem deixou em testamento 80.000 cruzados de ouro em pó escondidos em botelhas de barro enterradas. O resto era miragem, ânsia de riqueza, ambição insatisfeita.

Só na última dezena do século XVII se desvendaram ao mundo as minas riquíssimas das Gerais. Ia começar, então, um novo drama. Southey escreveu uma página admirável sobre o desvario dos buscadores de ouro. Viviam num contínuo sonho de esperança, vítimas de uma espécie de loucura, forma aguda e crônica da doença que é a paixão do jogo. Homens de reputada prudência, mesmo parcimoniosos, rapidamente transformavam a avareza em prodigalidade. Na obsessão da ideia fixa, tudo convergia para a sua realização; tudo lhes indicava, razoável ou fantasticamente, a proximidade do tesouro encoberto, o simples aspecto e tamanho de um morro, ou a qualidade da erva que o cobria. O dia seguinte podia ser a compensação de anos e anos de penosos e pacientes trabalhos. O que se passou entre nós foi a confirmação desse milagre possível que é a própria vida do minerador. As circunstâncias iam favorecê-lo: o ouro não se escondia nas profundezas da terra, aflorava facilmente, com menos dispêndio de capital e de trabalho e com menos risco e maior lucro do que em outras partes do continente.

Pelos anos de 1690, conta Antonil-Andreoni, um mulato de Curitiba encontrara no riacho chamado Tripuí uns granitos cor de aço, que vendeu em Taubaté a Miguel de Sousa: era ouro finíssimo. Algumas bandeiras paulistas que andavam à procura de índios a escravizar, e levando talvez das lavras do litoral mineiros mais práticos, tiveram em seguida a revelação deslumbrante da riqueza aurifera da região.

Pouco tempo depois, entre 1694 a 1697, se descobrem as minas de Itaberaba, na passagem da bacia do Rio Grande para o Doce; daí estenderam-se as pesquisas para as imediações da serra de Itatiaia e de Itacolomi ou Ouro Preto. Para os mineradores os resultados destas explorações foram surpreendentes. A fama das descobertas em 1698 já se espalhava por todo o Brasil; as transmigrações se avolumaram rapidamente: das cidades, vilas, recôncavos e sertões afluíam brancos, pardos, pretos e índios, conta uma testemunha da época. A mistura era de toda a condição de pessoas: homens e mulheres, moços e velhos, pobres e ricos, nobres e plebeus, seculares e religiosos. O próprio governador do Rio, Arthur de Sá e Menezes, abandonando posição e deveres, parte para os descobertos, associa-se com mineiros e atira-se como um aventureiro à procura do precioso metal: só volta quando se julgou rico. Forasteiros chegavam às cidades marítimas como tripulantes de navios, forjavam passaportes e fugiam em demanda do sertão[22]. O ouro

22 André João Antonil. Cultura e opulência do Brasil. Lisboa, 1711.

das minas do Sul, disse Rocha Pitta, foi a pedra ímã da gente do Brasil. Foi a vertigem mineira, o desvario que em outros tempos vieram a conhecer os pioneiros da Califórnia ou os "prospecters" do Alasca. A metrópole, corrigindo erros anteriores, organizava às pressas o seu sistema de tributação, modificando-o segundo a maior ou menor resistência dos povos: por bateia, por fintas, por quintos e em último caso pelos rigores da capitação. O ouro dava para tudo e para toda a gente; além do minerador, enriquecia o fisco, as administrações, a corte e o rei de Portugal.

Como que para açular a ambição dos que o procuravam, variava de qualidade: ouro preto, tendo na superfície, antes de ir ao fogo, uma cor semelhante à do aço: por dentro, diziam, tinha reflexos que pareciam raios de sol; ouro do Ribeirão, competindo na qualidade com o ouro preto e alcançando vinte e dois quilates; ouro do ribeiro de Bento Rodrigues, inferior aos precedentes; ouro do ribeiro do Campo e do ribeiro de Nossa Senhora de Monteserrate, grosso e muito amarelo; ouro do rio das Velhas, finíssimo; ouro do Ribeirão do Itatiaia, de cor branca como a prata, ainda incompletamente formado.

As fortunas amontoavam-se repentinamente, pelo acaso feliz das descobertas. Conta Antonil que Balthazar de Godoy ajuntara vinte arrobas de ouro, Manoel

Nunes Vianna, o caudilho da guerra dos emboabas, um pouco menos, Thomaz Ferreira, grande traficante em escravos, gado e mantimentos, mais de quarenta e Francisco Amaral, cinquenta arrobas. Vila Rica, por meados do século, era a cidade mais opulenta do mundo, se ouro, e somente ouro, constitui riqueza.

Para o Brasil, porém, esse século XVIII foi também o século do seu martírio.

Como no drama histórico da Califórnia em que o velho Suter, millionário, se arruinava pelo achado de uma mina riquíssima nas suas terras de lavoura cobertas de vinhas, oliveiras e gado de raça — o ouro empobrecia o Brasil.[23] Guerra civil, inomináveis abusos do fisco e do clero, epidemias de fome, em que se morria de inanição ao lado de montes de ouro pelo abandono da cultura e da criação. Nos primeiros tempos dos descobertos um boi chegou a valer cem oitavas de ouro em pó, um alqueire de farinha quarenta. A situação só melhorou quando começaram a chegar as boiadas de Curitiba e ao rio das Velhas os rebanhos dos campos baianos. Olhos fixos na loteria da mina surgindo de repente, a população vivia entre a mais abjeta indolência e frenesi de mineração desordena-

---

23 "Que riqueza, santo Deus! é essa cuja posse conduz à ruína do Estado!" — exclamava Pombal.

da. De fato só o negro trabalhava, e este comprava-se a qualquer preço para os misteres da mineração. Abandonava-se a agricultura; o cultivo da cana diminuiu a tal ponto que os mercados que abasteciam o açúcar brasileiro sofreram uma crise séria tendo de recorrer à produção inglesa e francesa, então incipiente. E rapidamente o país se despovoava.

No entanto, a exploração das minas continuava a fornecer riquezas fantásticas. Pouco depois das Gerais se descobriram as minas do rio das Contas e Jacobina. Em 1729 apareceram os primeiros diamantes do Serro Frio. A nova descoberta foi celebrada com grande júbilo na Corte de D. João V; houve festas esplêndidas, Te-Deums, procissões. O Papa mandou felicitações ao rei; outros monarcas da Europa o cumprimentavam "como se se descobrira cousa que devia regenerar e felicitar o Universo". À vertigem do ouro juntava-se a loucura da pedra preciosa: época deslumbrante do Tijuco, dos contratadores de diamantes, dos novos-ricos ostentando fortunas fabulosas. Um deles, João Fernandes de Oliveira, celebrizou-se pelo dinheiro e escandalosa paixão pela mulata Chica da Silva. Numa chácara da amante o contratador mandou abrir vasto tanque e nele lançou, para satisfazer um capricho, um pequeno navio, podendo conter oito a dez pessoas, com velas, mastros, cabos, etc., como se fosse uma verdadeira embarcação. Mais tarde, Pombal lhe exigiu uma indenização por infrações do contrato: João Fernandes teve de entrar para os cofres públicos com a enorme quantia de onze milhões de cruzados. Este desfalque não lhe abalou a fortuna: morreu rico em Lisboa, no ano de 1799.[24]

Na metrópole, de 1740 a 1750, a febre atingira o auge. Neste último ano terminava o reinado sultanesco de D. João V, numa apot eose de loucura e de esbanjamentos. Para isso contribuía somente Minas, e até 1751, com 26.000 arrobas de ouro, não contando os quintos, os dízimos, os direitos das entradas, as passagens dos rios. Até 1822 a extração em Minas deve ter andado por perto de 51.500 arrobas. O resto do Brasil, nesse período, parece ter fornecido a Portugal segundo os cálculos de Calógeras, cerca de 18.000 arrobas. Digamos, num total fabuloso, cerca de 70.000 arrobas de ouro. Nada, porém, bastava para a voracidade da metrópole, Para a carolice do rei, para os desperdícios do reino.

Nem as finanças do Estado melhoraram, nem aumentou a fortuna pública. O Governo, assoberbado pelas despesas, não podia resolver o enigma de tanta falta de dinheiro ao lado de montanhas de ouro. Para

24 Felício dos Santos. *Memorial do Distrito Diamantino.*

a Inglaterra escoava-se uma parte da receita colonial, nas compras de tecidos de seda e de lã de que precisava o luxo da corte; para a alimentação, exportavam-se grandes somas para outros países do Norte; o resto dispendia-se em pensões aos cortesãos, em gastos com embaixadas e construções dispendiosas. Uma missão a Roma custou dois milhões de cruzados; o Conde de Tarouca recebia uma pensão de 80.000 cruzados, o Marquês de Abrantes de 60.000. A construção de Mafra absorvia a importância da receita e despesa totais do Estado; empregavam 12.000 operários, que se pagavam com dificuldade. E quando morreu D. João V, a penúria do Estado era tal que o governo recorreu a um negociante de Lisboa para as despesas dos funerais...

No Brasil, sangrado, exausto, se extinguia também a fonte milagrosa de tamanha riqueza. A junta da fazenda de Vila Rica, em 1771, julgava difícil, ou quase impossível, a cobrança dos pesados impostos criados pelo governo real. O lançamento da derrama, diziam, fazia com que, "os mineiros por falta de interesse, os negociantes por falta de comércio, e os roceiros por falta de consumidores, abandonassem a capitania, que ficava quase deserta".(25). O ouro das minas, em

25 Teixeira Coelho. *Instrução para o governo da Capitania de Minas.*

pó, passará todo para o estrangeiro já observava Antonil, "salvo o que se gasta em cordões, arcadas e outros brincos, dos quais se vêm hoje carregadas as mulatas de mau viver e as negras, muito mais que as senhoras". Isto, em plena prosperidade nos primeiros anos do século XVIII; ao findar esse século era porém desoladora a situação da capitania.

Por esse tempo, a mineração, quase abandonada, mal dava para o sustento dos mineradores: estes constituíam uma classe de indigentes. Procuravam livrar-se da miséria pela volta aos trabalhos agrícolas, que desconheciam por completo. O estado da sociedade, deplorável; poucas pessoas (talvez meia dúzia de famílias) possuíam alguns haveres ou uma centena de escravos. O viajante que se aventurava por essas regiões devia levar provisões, porque em parte alguma as poderia comprar; ao contrário, o próprio habitante da casa a cuja porta batesse, talvez lhe suplicasse "pelo amor de Deus" a esmola de um punhado de farinha.

Além-mar, não era muito melhor a sorte do cúmplice desse crime estúpido que foi a exploração das minas do Brasil. A administração pombalina, por algum tempo, conseguiu desenvolver a produção e comércio das colônias, sobretudo da Índia. Empreendeu a tarefa difícil de reter no país o ouro que o Brasil ainda produzia. Houve um recomeço de prosperidade, que durou alguns anos, mesmo depois da queda de Pombal. Mas em 1794, quando Portugal se juntou à Inglaterra contra a França, todo o passageiro resurto já se tinha dissipado: sem dinheiro, sem esquadra, sem exército, o velho reino se entregou de corpo e alma ao aliado poderoso que lutava contra Napoleão, Em 1808, diz Elisée Reclus, quando o rei partiu para o Brasil, Portugal poderia desaparecer subitamente, num cataclisma que ninguém no mundo se sentiria lesado nos seus interesses — a não ser alguns negociantes ingleses, proprietários de vinhedos no Douro, ou os contrabandistas espanhóis da fronteira"... Tinha faltado a Portugal a verdadeira compreensão histórica e econômica da sua missão metropolitana. A nação e o governo recebiam como uma esmola o ouro, as pedras preciosas e os produtos comerciáveis das colônias. Quiseram viver sem trabalhar. A sua grande obra, como que inconsciente para os estadistas dos séculos passados, e mesmo para os da atualidade, foi a criação e formação de um outro povo, a quem puderam legar a língua natal e as peculiaridades raciais da civilização portuguesa.

Deste lado do mar, após tanto deslumbramento e tanto bulício afanoso de ambição e loucura — e como para atestar a perenidade do espírito criador libertado dos interesses e acidentes humanos — de todo esse passado apenas resta uma quase-ruína que é uma obra de arte, a obra do Aleijadinho, escultor e arquiteto. Nasceu em Ouro Preto em 1730; era pardo-escuro, filho de um português e de uma africana; sabia ler e escrever, mas parece não ter frequentado outra aula além da de primeiras letras. Padecia de uma terrível moléstia incurável, em que perdeu todos os dedos dos pés, só andando de joelhos; das mãos restavam--lhe apenas os polegares e os índices. Atormentado por dores cruciantes, narravam que ele próprio, servindo-se do formão, cortava com uma pancada de macete o membro que o fazia sofrer. Esse monstro físico, asqueroso, de face atormentada e disforme, de pálpebras caídas e boca estuporada, escondia-se debaixo de uma tolda para trabalhar nas igrejas. Não lhe perturbava o gênio inculto nenhum ensinamento de academias ou de mestres; a sua obra surgiu e viveu na espontaneidade da imaginação criadora, sem nenhuma deformação. Trabalhou nas capelas de São Francisco de Assis, de Nossa Senhora do Carmo e na das Almas, em Ouro Preto; nas matrizes de São João do Morro Grande e de Sabará; nas de Mariana e Santa Luzia. Destacam-se na sua obra a matriz e a capela de São Francisco, em São João d'El-Rei, e os templos e estátuas de Congonhas do Campo. Foi o único grande artista que durante séculos possuiu o Brasil. É o que resta do maravilhoso potosi das Gerais que por tanto tempo assombraram o mundo.

Enquanto se passava nessas minas o drama do ouro, continuavam as correrias paulistas. Rechaçados dos territórios de São José d'El-Rei, rio das Velhas, minas de Cataguazes, rio das Mortes, do Caeté, de Ouro Preto, onde descobriram as aluviões que enriqueciam fabulosamente os usurpadores — os sertanistas de São Paulo afundavam-se pelos desertos longínquos de Cuiabá e Goiás. "Se nos lançarem fora daqui — diziam — iremos acolá", mostrando, para os lados do sertão, os morros e serrarias que se estendiam a perder de vista. Numa derradeira arrancada, prestes a terminar a finalidade histórica do seu papel na formação do país, as bandeiras multiplicam-se em demanda do próprio coração do continente. Por toda a parte, apressadas, entregavam-se aos trabalhos da lavagem, dos almocafres, das picaretas. Mineravam dia e noite, esgotando escravos, camaradas e até as mulheres que seguiam os bandos. Mudavam o curso dos rios, rasgavam vales, revolviam as entranhas da terra, até que nos talhos abertos nas montanhas surgissem os veeiros, ou no fundo das bateias brilhassem as folhetas e os gravitos. Sebastião Pinheiro Raposo, nos riachos do Mato Grosso da Bahia, fazia a sua gente trabalhar desde a madrugada até as 10 horas da noite, então à luz de fachos: um dia colheu nove arrobas de ouro. Nessa ânsia diabólica, dirigem-se para Mato Grosso Antônio Pires de Campos, Paschoal Moreira Cabral, Antônio Antunes Maciel, Fernando e Arthur Pais de Barros, e esse extraordinário Manoel Felix de Lima, português, que desceu o Guaporé, Madeira e Amazonas até o Pará; para o interior de Goiás seguem os bandos dos Buenos, João Leite de Ortiz, Antônio Ferraz de Araújo, Veiga Bueno, Amaro Leite.

Junto aos novos descobertos vinha, porém, morrer enfraquecida, mas sempre alucinada, a bandeira. Conservava, como desde os tempos piratininganos, os traços característicos da sua formação: Interesse, Dinamismo, Energia, Curiosidade, Ambição. Falta-vam- lhe os estimulantes afetivos de ordem moral e os de atividade mental. Nunca soubera transformar em gozo a riqueza conquistada. A sua energia inten-siva e extensiva concentrava-se num sonho de enri-quecimento que durou séculos, mas sempre enganador e fugidio. Com essa ilusão vinha morrer sofrendo da mesma fome, da mesma sede, da mesma loucura. Ouro. Ouro. Ouro.

Cobiça.

cadernos ultramares

9 786586 962666